Lb 56
1610

AF298621

MÉMOIRE

PARIS

IMPRIMERIE BALITOUT, QUESTROY ET Ce,
7, rue Baillif, et rue de Valois, 18.

MÉMOIRE

A CONSULTER

PAR

M. GEORY

ANCIEN MAGISTRAT, PUBLICISTE

Multa paucis.

PARIS

E. DENTU, LIBRAIRE-ÉDITEUR,

PALAIS-ROYAL, GALERIE D'ORLÉANS, 17 ET 19.

1866

Tous droits réservés

MÉMOIRE

A CONSULTER

Depuis la révolution de 89, combien la France n'a-t-elle pas vu de gouvernements se succéder dans son sein! Que de phases diverses, de tourmentes révolutionnaires, de batailles célèbres, de conquêtes éclatantes et de revers inouis n'a-t-elle pas traversés! La dernière crise de la *République sociale* n'a pas été sans violences.

Aujourd'hui, par un bienfait que les hommes les plus sérieux regardent — non sans raison — comme un bienfait providentiel, les rênes du gouvernement sont tenues d'une main ferme et habile. Et, au milieu de soins incessants, de travaux glorieux, une ère de sécurité, de prospérité et de grandeur est pleinement ouverte pour la France. Et pourtant le deuxième Empire a des détracteurs. L'époque est dure; nous vivons dans des jours où l'égoïsme, les ambitions personnelles, l'amour de la licence, le désir effréné des fonctions publiques et la violence active des partis, agitent les esprits. Dans des temps pareils, il importe—avant tout—que la vérité arrive jusqu'au souverain : malheur, si sur les marches du trône la flatterie vient s'asseoir! Sans doute, le deuxième Empire n'a pas le don bien rare de l'infaillibilité, et, au milieu des grandes choses qu'il a accomplies, quelques actes apparaissent sur lesquels des amis sincères de leur pays et des serviteurs dévoués de l'Empereur, peuvent avoir quelques réflexions à présenter. Travail sérieux, délicat, hérissé de difficultés que j'ai osé entreprendre. Mais pour donner à mon travail un ensemble plus complet, avant d'entrer dans le cœur du deuxième Empire, il m'a semblé qu'un aperçu très-rapide des gouvernements qui l'ont précédé ne serait pas sans intérêt.

La République de 89, constituée en Assemblée nationale ou constituante, proclama les grands principes de la liberté individuelle et de l'égalité devant la loi. Elle déracina les vieux abus de ces priviléges de classes dont l'orgueil national était si vivement blessé, et fit disparaître ces exigences de la féodalité seigneuriale si iniques et si humiliantes. Elle fit battre un cœur d'homme dans toutes les poitrines. Elle mit le travail et l'industrie dans les mains de tous sans rencontrer toutes ces entraves, tristes institutions de ces gouvernements qui se croyaient maîtres de l'homme et du sol, incapables de rien apprendre de l'expérience, parce qu'ils se regardaient comme invulnérables et éternels. C'est alors que Mirabeau, ce nouveau Gracque, ce véritable type du tribun éminemment populaire, avec sa haute stature, sa poitrine large et profonde, son regard lançant des flammes, sa grande tête admirable de laideur et de génie, défendait avec la plus ardente énergie tous les droits du peuple, et combattait les priviléges, la vénalité des charges, les scandaleuses prodigalités de la cour, et frappait des stigmates les plus sanglants ces hideuses lettres de cachet, tyranniques mesures dont le pouvoir, à toute heure, avait la faculté de se servir arbitrairement contre la liberté des citoyens, et qu'il flétrissait de sa voix tonnante et les accents impétueux d'une éloquence qui n'avait eu d'égale que dans les temps antiques.

La Convention qui, sur les ruines de la royauté qu'elle avait brisée, gouverna la France avec un despotisme de fer, qui soutint avec une audace inouïe une lutte gigantesque contre toutes les puissances de l'Europe coalisées; qui, dans son génie — que l'on peut dire infernal — inventa les moyens de terreur qui firent sortir du sol de la France quatorze armées; qui, au dehors, se couvrit de gloire dans des batailles célèbres conduites par un général de vingt-sept ans, et qui, à l'intérieur, dompta les insurrections menaçantes des partis; qui ordonnait à ses généraux de vaincre, et qui, vaincus, faisait tomber leurs têtes sur l'échafaud; qui, sur un simple signe, sur un soupçon sans portée, et sur une dénonciation souvent sans motif, fit couler à flots le sang des citoyens les plus innocents; qui, par la force et par l'audace, renversa devant elle tout ce qui s'opposait à ses desseins; qui se souilla du plus grand des crimes. Époque dont le sanglant souvenir fait reculer d'horreur, où la Convention dévorait ses propres enfants, et où le fougueux Danton s'écriait : *Nous guillotinons pour n'être pas guillotinés.*

Et pourtant, il faut bien avoir le courage de l'avouer, la Convention fit de grandes choses. C'est elle qui affermit les libertés conquises en 89; c'est à sa volonté de fer que nous devons de pouvoir en jouir. A la vérité, bien des crimes furent commis : les réquisitions, les emprunts forcés, les assignats, la banqueroute furent mis à l'ordre du jour. Mais, à tout prix, il fallait enchaîner les factions au dedans, et il fallait tenir tête à l'Europe entière coalisée contre la France. Les orages avaient grossi le fleuve, ses flots étaient mugissants ; ils avaient surmonté et brisé leurs bords ; il n'était plus possible de faire remonter le fleuve à sa source.

Le Directoire, qui dégrada les lois, la justice et la morale publique ; qui vit l'agiotage des banquiers porté jusqu'à sa plus extrême limite ; qui favorisa — parce qu'il y trouvait son intérêt personnel — les scandaleuses rapines des traitants et des fournisseurs des armées ; qui mit tout à l'encan : les commandements militaires, les emplois d'administration, les charges de judicature, les subsistances du peuple, et jusqu'à l'inexécution des lois. Époque de l'athéisme le plus révoltant, où les prêtres fidèles à leur serment furent impitoyablement poursuivis, obligés de s'expatrier ou de porter leur tête sur l'échafaud ; où, dans un délire que des imaginations frappées de folie peuvent seules enfanter, la fête de la *Réintégration de l'Etre Suprême* fut célébrée avec une pompe théâtrale, ayant pour souverain pontife le sanguinaire Robespierre ; où les orgies de la régence de Philippe d'Orléans furent dépassées ; où, dans la haute société, les femmes foulant aux pieds toute pudeur, se montrèrent dans des toilettes plus négligées que les Phryné et les Aspasie d'autrefois ; où les hommes firent orgueil de leur dissolution ; où la nuit se passait — aux flambeaux, — dans les débauches les plus effrénées ; et où, le jour, on courait dans tous les lieux publics faire étalage du luxe le plus voluptueux et le plus révoltant ; où le peuple se vit en proie à tous les outrages, à tous les avilissements, à toutes les rapines ; où le jeune héros de l'Italie, le conquérant de l'Egypte, revenu à Paris et chargé de sauver la République, s'adressant aux directeurs d'une voix sévère : « Pendant mon absence, qu'avez-vous « fait de la France ? Je vous l'avais laissée puissante et forte, je la « trouve dans la misère et avilie. Je vous avais laissé des victoires, « des triomphes, je trouve des revers et l'humiliation. Je trouve les « finances de l'Etat honteusement dilapidées. Cet état des choses ne « peut se continuer. » Et le Directoire tomba sous le poids de ses excès, de ses vices, et d'une administration qu'aucune parole de blâme ne peut assez flétrir, emportant avec lui le mépris public.

Le Consulat, pendant lequel le jeune héros, à qui les destinées de la France venaient d'être confiées, prit d'une main ferme les rênes du gouvernement ; qui, à la licence des mœurs fit succéder le respect des choses honnêtes, qui révoqua les lois iniques des réquisitions et de l'emprunt forcé, qui avaient plongé le peuple dans la plus extrême misère, qui rendit la patrie aux prêtres et aux nobles sur qui pesait la tyrannique loi de l'émigration; qui désouilla les temples, releva les autels, et fit disparaître à toujours ce hideux calendrier républicain, ces indécentes fêtes républicaines que la Convention et le Directoire en délire avaient seuls pu imaginer, et qu'une nation enchaînée sous un despotisme de fer pouvait seule subir, qui réorganisa l'ordre judiciaire et l'ordre administratif, qui trouva le trésor vide et la France chargée de dettes, et fit rendre gorge à ces fournisseurs éhontés qui — aux dépens de l'État — se trouvaient possesseurs de fortunes colossales, — qui donna une organisation nouvelle à l'école polytechnique, en agrandit les études, et sous les professeurs les plus savants en fit la première école du monde et cette pépinière remarquable qui n'a cessé de fournir à tous les gouvernements de jeunes candidats aptes à toutes les hautes administrations, et les brillants officiers d'état-major dans toutes les armes spéciales, qui prit l'initiative de ce mémorable événement, — *le Concordat* — qui, dans le moment, semblait s'éloigner de la pensée du pays et de l'armée, mais qui, à ses yeux, avait une portée immense par l'union de l'Eglise avec l'Etat, parce qu'il montrait aux puissances de l'Europe que l'ère de la Révolution était terminée et que — le cas échéant — il leur offrait une garantie plus grande pour traiter d'une paix durable dont tous les peuples sollicitaient les bienfaits. Epoque enfin où les mœurs publiques reprirent toute leur décence, où l'agriculture put cicatriser une partie de ses plaies, et l'industrie reprendre son activité qui avait été si longtemps paralysée.

L'Empire fut pour la France la grande époque de sa prospérité intérieure, de sa gloire, de sa grandeur et de sa prédominance en Europe et des revers les plus inattendus qui la frappèrent. L'Angleterre, cette vieille rivale de la France, avait trop bien calculé par les succès de nos armées en Italie, tout le génie de l'Empereur qui, alors jeune général de vingt-sept ans, les avait dirigées, pour n'avoir pas à le redouter lorsqu'il était devenu l'arbitre suprême des destinées de la France.

La paix d'Amiens n'ayant pas abouti, l'Empereur, pour en finir, conçut le projet hardi, sans doute, mais digne de son génie, de vaincre l'Angleterre dans l'Angleterre. C'est alors qu'il fit ces préparatifs immenses d'une descente en Angleterre, dont celle-ci tressaillit de frayeur. Et c'est de ce moment solennel que lord Chatam, premier ministre, après lui Pitt, son fils, jurèrent une haine implacable contre la France et l'Empereur, et ne cessèrent de faire entendre dans le Parlement ces paroles de vengeance et de destruction : « *Point de « paix, point de trève avec la France; périsse la France, périsse « l'Empereur.* » Et alors commença entre les deux nations cette lutte gigantesque, ce duel à mort, dans lequel l'une des deux devait succomber. Et alors eurent lieu ces guerres, sans exemple à aucune

époque, où les plus grandes batailles furent livrées, où nos armées
obtinrent les plus glorieux triomphes, et dans lesquelles la haine de
l'Angleterre devenait plus ardente à mesure que nos succès étaient
plus éclatants, et où elle ne cessa d'armer contre nous toutes les
nations de l'Europe qu'elle soudoyait de ses milliards. Et la France
luttant contre toute l'Europe en armes, contre les trahisons les plus
criminelles, contre les éléments les plus rigoureux, succomba, non
pas vaincue et épuisée, mais sous des calamités extrêmes qu'aucune
puissance humaine n'aurait pu conjurer.

Que si l'on porte ses regards dans l'intérieur de la France, pendant ces agitations incessantes de nos guerres, que d'admirables
institutions ! que de merveilleux travaux ! L'institution de la Légion-
d'Honneur, dont la croix, étoile brillante, fit accomplir de si sublimes
actions d'éclat sur nos champs de bataille. Et parmi les travaux d'u-
tilité publique, qui sont immenses : ponts sur les fleuves et les
grandes rivières, canaux traversant la France, halles, aqueducs, les
magnifiques bassins d'Anvers et de Flessingue, capables de contenir
les plus nombreuses escadres ; les passages grandioses du Simplon,
du Mont-Cenis, du Mont-Genèvre et de la Corniche, qui surpassent
en hardiesse et en efforts de l'art les plus beaux travaux des Romains.
Tous travaux qui coûtèrent des milliards, sans que les charges
publiques fussent accrues.

La création de l'Université, qui régularisait l'instruction publique ;
celle de l'Ecole Normale supérieure, pépinière qui ne cessa de donner
à nos écoles de premier ordre ces jeunes professeurs qui se distin-
guèrent dans les sciences et dans les lettres ; la Banque de France,
la première institution de crédit de l'Europe ; tous les ministères
organisés avec une si étonnante perfection que l'Empereur, dans une
seule journée, sur les rapports de ses ministres, pouvait connaître la
situation de tout son empire. Et pour sublime couronnement de ces
grandes œuvres, les Codes de nos lois rédigés, sous la présidence de
l'Empereur, par les plus savants jurisconsultes de France, et dont la
publication seule ferait la gloire d'un grand règne.

Et ce que l'histoire consacrera, c'est que la puissance d'aucun
souverain, sans en excepter Charlemagne et Charles-Quint, n'égala
jamais la puissance de l'Empereur. Qu'il fut, pendant tout son règne,
le dominateur de l'Europe, dont il vit tous les souverains à ses pieds.
Qu'il donna un trône à trois de ses frères, un trône à sa sœur aînée,
un trône à son beau-frère, et un trône à son fils d'adoption. Et que,
pourtant, sa chute nefut jamais plus assurée et plus prochaine qu'au
moment où sa puissance fut arrivée au point le plus élevé de son
apogée.

LA RESTAURATION. — Les Bourbons remontèrent sur le trône de
leurs aïeux, après vingt-cinq ans d'exil, escortés par le million de
baïonnettes étrangères qui avaient renversé l'Empire. Ils furent

acclamés par quelques partis factieux, dont les passions étaient loin de dissimuler des violences extrêmes. La presque totalité de la nation resta silencieuse, mais non sans crainte pour son avenir.

Louis XVIII, pour tenir d'une main ferme et utile le sceptre que les grandes puissances lui rendaient, avait besoin d'avoir fait une étude approfondie de ce qui avait amené la révolution de 89; de tout ce qui s'était accompli depuis lors; d'avoir une grande connaissance des hommes de son temps et des aspirations du peuple qu'il allait gouverner. Il fallait couvrir d'un voile les excès que les circonstances avaient pu amener et ne garder que la gloire, et marcher d'un pas ferme vers la prospérité de la France, en proclamant une Charte constitutionnelle, loyalement libérale, qui serait loyalement exécutée. Il fallait prendre pour modèle ce roi clément et brave, cet Henri IV, chef de sa branche dynastique.

Louis XVIII et son successeur possédaient-ils ces moyens élevés de régner? Sans eux, pouvaient-ils se voir solidement assis sur le trône? L'histoire, dans son impartialité sévère, se voit obligée de dire que les Bourbons étaient au-dessous de cette grande tâche. Ils revenaient avec les idées et les goûts de l'ancienne cour; ils continuèrent à se regarder comme rois de droit divin; et ils se laissèrent déborder par ces hommes de l'émigration qui, à tout prix, voulaient vengeance et restitution, et par les hommes qui, laissés à l'écart par le gouvernement tombé, étaient poussés par une ambition effrénée vers les grands emplois et les hautes fonctions publiques.

Lorsque Louis XVIII s'assit pour la première fois sur le trône, le chancelier Dambrai, dans le discours d'installation, prononça ces imprudentes paroles : « Que le roi entrait en pleine possession de ses « droits héréditaires, et qu'il ne voulait exercer l'autorité qu'il « tenait de Dieu, qu'en posant lui-même les bornes de son pouvoir. » Paroles irréfléchies qui, à l'ouverture du règne, et dans une séance aussi solennelle, produisirent le plus fâcheux effet dans toute la France.

L'exécution du maréchal Ney, ce héros de nos grandes annales de guerre, avec un appareil de forces militaires sans exemple, irrita toute la population de Paris.

La chambre des députés de 1814 fut violente et celle de 1815 tellement ardente que Louis XVIII lui-même avait dit plusieurs fois que c'était une *chambre introuvable*. Dès-lors, dans toute l'étendue du royaume ne cessa de couver une agitation sourde qu'à chaque instant, une étincelle pouvait faire éclater.

Les provinces du Midi se précipitèrent sans mesure dans de sanglantes représailles. A Avignon, le maréchal Brune fut assassiné, son corps traîné dans les rues par une foule rugissante, et jeté au fleuve. A Nîmes, le général Lagarde fut poignardé. A Toulouse, le général Ramel fut égorgé. A Bordeaux, les deux frères jumeaux Faucher, tous deux généraux, furent conduits à la mort, tenant leurs mains serrées l'une dans l'autre, et exécutés au milieu de leurs embrassements.

Les soldats de la Loire, ces sublimes débris de nos grandes armées, tous brunis au soleil des batailles, et couverts des plus honorables blessures, furent dénommés et traités comme des détrousseurs de grands chemins. Le général Dupont, ce criminel signataire de la sacrilége capitulation de Baylen, fut nommé ministre de la guerre, et son premier soin fut de décimer l'armée, et de remplacer les anciens officiers qui avaient gagné leurs épaulettes au prix de leur sang par des cadets de familles riches, sans services et sans études militaires. La croix d'honneur, cette récompense — sous l'Empire — des plus belles actions d'éclat, fut donnée à prix d'argent. Sur plusieurs points de la France des conspirations se formèrent, où le le sang coula sur les échafauds, à Strasbourg, à Lyon, à Grenoble surtout, où la cruauté des exécutions dépassa toute mesure, jeta l'épouvante dans toute la province, et désaffectionna, à toujours, les populations contre le gouvernement. Les acquéreurs des biens nationaux — malgré le milliard de l'indemnité — furent constamment menacés, et toujours en crainte.

Epoque de réaction effrayante, où sous la dénomination de *terreur blanche*, sœur sinistre de la *terreur* de la Convention, les représailles les plus violentes, les partis ensanglantèrent les provinces du Midi; où quatre assassins fameux, *Trestaillon, Truphémy, Boivin* et *Pointu,* dont on ne prononce les noms qu'avec horreur, égorgeaient en plein midi, à prix d'argent, les victimes qu'on leur indiquait, et la justice ne se crut jamais assez forte pour arrêter et punir ces monstrueux cannibales; où, à La Rochelle, quatre jeunes sous-officiers du 45ᵉ accusés de carbonarisme marchèrent à la mort, se tenant par la main, en criant : *Vive la France, vive l'Empereur!* où j'ai vu un capitaine de grenadiers qui avait assisté à plus de 80 batailles, dont le corps était sillonné de blessures, qui, pour une parole — inconvenante il est vrai — contre le Roi, fut conduit à pied de brigade en brigade jusqu'à Toulon, dans un trajet de plus de trente lieues, pour y être jugé par un conseil de guerre; et qui, au moment qu'il fut dégradé de la Légion d'honneur, arracha de sa boutonnière son ruban rouge et l'avala, disant au conseil : « J'ai dans ma poitrine l'objet de mon culte; maintenant, prenez mon corps, je vous le livre. »

La France se vit forcée de se courber sous les plus dures et les plus humiliantes représailles de l'invasion. Les indemnités de guerre s'élevèrent à plus de deux milliards, auxquels s'ajouta plus tard le milliard des émigrés. Nos frontières furent ouvertes sur tous les points; nos plus fortes places de guerre démantelées.

Les lois prévotales furent mises à l'ordre du jour. La liberté de la presse, la liberté individuelle furent enlevées. La loi électorale fut bouleversée. Il y eut un moment où l'on n'entendait plus que le retentissement des procès politiques et des condamnations capitales.

A la mort de Louis XVIII, qui eut lieu le 16 septembre 1824, le comte d'Artois, son frère, lui succéda sous le titre de Charles X.

C'était un prince léger, avec des formes aimables, mais sans instruction, ayant passé sa jeunesse dans les plaisirs et les prodigalités de l'ancienne cour. Reconnu par l'émigration comme son chef, à peine fut-il monté sur le trône qu'il se vit débordé par les émigrés les plus exaltés. Ce règne, fatal à la France, fut toujours conduit par un gouvernement frappé par un esprit de vertige. Les ministres firent d'abord adopter la loi du sacrilége, loi qui fut reçue avec indignation par le pays. Ensuite une loi fut proposée sur le droit d'aînesse, loi inique que la révolution de 89 avait fait disparaître, loi qui succomba sous la réprobation libérale de la Chambre des députés, et sous l'indignation hautement manifestée des familles. Vint ensuite la loi de *tendance*, qui nous ramenait aux jours sinistres de l'empereur Tibère, où l'on ne condamnait pas pour avoir conspiré contre le prince, mais pour avoir eu la pensée de conspirer contre lui. Jours de deuil où Béranger, ce grand poète national à qui l'ancienne Grèce aurait dressé des statues, jugé et condamné une première fois sous le règne précédent, se vit frappé d'une nouvelle condamnation. Les ministres firent adopter ensuite la fameuse loi — *dite de justice et d'amour* — que Châteaubriand qualifia de *vandale*, et que Casimir-Perrier résumait dans ce seul article : *L'imprimerie en France est supprimée*. Et, pour comble de toutes ces violences criminelles des droits du pays, les cinq *ordonnances* parurent, par lesquelles la liberté de la presse était détruite, la publication des journaux mise à la merci du gouvernement, la Chambre des députés réduite de moitié, l'élection devenue le privilége d'un petit nombre de propriétaires les plus imposés. C'est alors que deux cent vingt-un députés eurent le courage de déclarer au roi, dans une adresse devenue célèbre, que le concours du pays dans la marche régulière des affaires publiques était indirect mais réel, et que ce concours n'existait pas. Et c'est alors que les ouvriers de toutes les imprimeries, grossis par les ouvriers de tous les faubourgs, levèrent le drapeau de l'émeute, parcoururent les rues et les places publiques, au cri de : *A bas les Bourbons! Vive la Charte!* dressèrent des barricades, soutinrent contre les troupes royales une lutte de trois jours, après lesquels Charles X se vit contraint d'abdiquer pour lui et pour son fils le duc d'Angoulême, qui abdiqua lui-même en faveur du duc de Bordeaux, son neveu, et quitta la France.

LOUIS-PHILIPPE D'ORLÉANS. — Le parti considérable, à la Chambre des députés, qui avait amené la chute des Bourbons, se réunissait dans les salons de Jacques Laffitte, homme alors puissant à la Chambre et dans le monde financier. Ce parti, en souvenir de Philippe-Égalité, en 89, s'accorda à appeler au trône Louis-Philippe d'Orléans, son fils ; il lui parut que ce prince choisi par lui serait un prince *constitutionnel-libéral*, et qu'il l'aurait à sa disposition. Et, le 9 août 1830, ce prince accepta, avec le titre de roi des Français, le trône que lui avait élevé les suffrages de deux cent dix-neuf députés et de quatre-vingt-neuf pairs.

Louis-Philippe, dont le parlement et le pays avaient salué l'avénement au trône avec enthousiasme, ne justifia en aucune manière les espérances que l'on avait conçues de lui. Sans énergie, sans esprit d'initiative, il vit faire et laissa faire. Au dehors, les humiliations des honteux traités de 1815 et la déconsidération de la France en Europe; au dedans, la nation tombée au rang de puissance de deuxième ordre, rien ne fit vibrer en lui les fibres d'une âme royale. Enchaîné tout entier à l'axiome constitutionnel : *le roi règne et ne gouverne pas,* il s'amollit sur le trône, se déchargeant sur ses ministres de tout le fardeau des affaires publiques. Son unique soin, par ses humiliantes condescendances envers les grandes puissances, fut de consolider sa position sur le trône, et d'accroître pour ses nombreux enfants sa fortune, déjà la plus grande fortune princière de l'Europe, ce qui lui valut cette dénomination abaissée de roi-bourgeois qui le suivit dans son exil, et que l'histoire lui gardera.

Époque d'intrigues, d'ambition, d'égoïsme et d'indifférence pour la chose publique; où deux hommes éminents par leur savoir littéraire et illustres par leur talent de tribune, entraînés, par un zèle exagéré, à servir le prince et le pays, et, il faut bien oser le dire aussi, par une vanité personnelle, de conserver la suprématie du pouvoir dans le premier poste de l'Etat, poussèrent jusqu'à sa plus extrême limite ce scandaleux système de corruption qui, en plein Parlement, fit éclater de la poitrine d'un député indépendant ces paroles à jamais historiques : *La corruption coule à pleins bords.* Système qui perdit le trône et fut un outrage à la morale publique et à l'honneur de la nation.

Le ministre corrompait le député, — le député corrompait le préfet, — le préfet corrompait les électeurs. Pour obtenir de l'autorité quelque faveur, il fallait, à tout prix, être électeur. Hors de là, vous n'étiez qu'un paria dans la nation. Quand un préfet était envoyé dans un département, il avait pour premières instructions de s'assurer des élections; la bonne administration du département ne venait qu'après. J'ai connu un homme très-recommandable sous tous les rapports à qui, dans sa première visite, le préfet tourna le dos parce qu'il n'était pas électeur et membre du conseil général; et qui, quelques mois après l'étant devenu, en reçut les visites les plus obséquieuses et les politesses les plus aimables.

J'ai connu un préfet, homme d'une haute probité, excellent administrateur, jouissant de l'estime publique, qui venait de recevoir du ministre une lettre élogieuse, et qui, le surlendemain, reçut la dépêche de sa révocation. Or, dans l'intervalle, deux des membres les plus influents de la Chambre des Députés, étaient venus demander une place de préfet pour un membre de leur famille, qu'il leur fallait à l'instant, et le ministre ne s'était pas cru assez fort pour la refuser.

J'ai connu un député, modeste fonctionnaire dans l'ordre administratif, qui, — d'un trait de plume, — sans transition, fut nommé président de chambre près d'une cour royale, et qui, six mois après, d'un second trait de plume, fut nommé premier président de la même cour; nominations, la seconde surtout, sans exemple dans les annales judiciaires, réservées aux magistrats d'un éminent savoir et d'une expérience blanchie dans les longs services de la haute magistrature.

Le Gouvernement s'était fait de la presse un ennemi qui avait juré de le perdre. Exaspéré par les rigueurs incessantes dont une police passionnée et aveugle le poursuivait à outrance, le journalisme répondait par des attaques dont la violence se mesurait aux violences des condamnations qui le frappaient.

D'autre part, un parti puissant dans la Chambre, humilié de voir un règne sans dignité, et fatigué d'un gouvernement corrompu où se perdaient les affaires du pays, et aussi poussé par ce sentiment d'ambition personnelle qui porte les hommes vers les grands emplois, voulut en finir avec un roi et un gouvernement qu'un cri de réprobation générale poursuivait. Dans ce moment, une pétition fut adressée à la Chambre des Députés pour la révision de la loi électorale que l'Opposition promit de soutenir. Et alors commença cette célèbre campagne des *banquets réformistes,* et comme le Gouvernement refusait obstinément toute réforme, dans les quartiers les plus populeux les ouvriers prirent des armes partout où il s'en rencontra à leur disposition, formèrent des attroupements considérables, et parcoururent les rues aux cris répétés de : *Vive la Réforme! à bas les Ministres!* Bientôt des barricades furent élevées, et des engagements eurent lieu entre le peuple et la troupe; mais celle-ci, ne voulant pas continuer cette lutte fratricide, livra ses armes, et le sang cessa de couler. Pendant ce temps, le Roi, averti de ce désordre, sortit en uniforme pour aller passer en revue quelques bataillons de la garde nationale, qui le reçurent au cri de : *Vive la Réforme!* Et, rentré aux Tuileries, il trouva ses appartements envahis par une foule de députés, de fonctionnaires de tous les grades, et de gardes nationaux, et le mot d'*abdication* ayant été prononcé, il l'écrivit à l'instant avec une fermeté et une dignité qu'il aurait dû montrer en d'autres temps et en d'autres circonstances.

Et Louis-Philippe, que l'Opposition libérale avait appelé au trône, croyant trouver en lui un souverain libéral, fut dépouillé de sa couronne par les hommes du même parti, et quitta la France.

La République sociale. — La République, qui prit hardiment place sur les débris de cette royauté, qui s'était montrée si indifférente à la dignité de la nation, et qui avait méconnu si manifestement son origine, promettait à la France les plus beaux jours de l'âge d'or. Nous allions encore nous désaltérer à ces délicieux ruisseaux de lait qui avaient coulé dans les temps antiques, et dont la Grèce avait découvert les poétiques sources. Mais combien ces brillantes promesses furent déçues !

En France, la République ne fut saluée que par un nombre bien restreint de partisans. En Europe, toutes les puissances ne virent qu'avec réprobation ce gouvernement, dont la dénomination portait avec elle de si tristes souvenirs.

A Paris, les ouvriers en grève, l'émeute sur pied, le trésor public totalement épuisé pour payer largement le travail qu'ils n'exécutaient pas à ces bandes d'hommes de dissipation, qui ne formulaient leurs exigences que par des cris de menace.

Dans plusieurs départements, au Midi de la France surtout, il se commit contre les personnes et les propriétés des excès et des violences qui nous ramenèrent aux plus mauvais jours, et dont une plume française se refuse à retracer les détails.

Sans égard pour leur âge, pour leur savoir, pour leurs longs services et pour leur probité, tous les magistrats dans l'ordre administratifs, d'un rang élevé, tous les chefs de parquet, tous les juges de paix furent impitoyablement chassés de leurs siéges. Et à leur place, on vit arriver des hommes entièrement nouveaux, dont la plupart n'avaient d'autres titres que leurs luttes aux barricades et une avidité effrénée de s'asseoir aux banquets des fonctions publiques.

Une ami de Ledru-Rollin, qui avait pris pour son lot le ministère de l'intérieur, étant venu le voir dans son cabinet : Vous me trouvez, dit le ministre, dans un grand embarras ; tous mes départements sont pourvus de leurs commissaires ; je ne sais où en trouver un pour les Basses-Alpes. — Ce n'est que cela ; j'ai sous la main ce qu'il vous faut. C'est un commis-voyageur, un homme·véritablement déterminé, un chef d'escouade aux barricades. Et Ledru-Rollin, très-satisfait, s'écria : C'est mon homme ! et le département des Basses-Alpes reçut en cadeau ce valeureux commissaire, que j'ai eu l'honneur de voir et d'entendre parler, et quand le moment fut venu de constituer la République, et de procéder aux élections, le Gouvernement provisoire porta sur les rangs tous ses commissaires, cherchant ainsi à s'assurer une majorité souple, obséquieuse et entièrement à sa disposition. C'est alors que, dans l'Assemblée législative, on vit le très-révérend Père Lacordaire, le plus illustre prédicateur de son siècle et le plus célèbre métaphysicien des temps anciens et modernes, portant la robe blanche de son Ordre, aller s'asseoir au plus haut de *la Montagne*. Il venait, disait-il, travailler à la réconciliation de l'esprit de liberté et de l'esprit de religion ; et expliquer l'union que réclamaient les tendances de la société nouvelle et du clergé. Mais, hélas ! hélas ! comment cet éminent ministre de l'Eglise avait-il pu se dissimuler un seul instant qu'il y avait loin du nouvel auditoire devant lequel il allait faire entendre son éloquente parole, à cet auditoire d'élite qui accourait pour l'entendre autour de la chaire de Notre-Dame ! Comment ce merveilleux esprit ne s'était-il pas dit que les siècles avaient marché depuis les prédications du Christ, et que, autre temps, autre mœurs, autres institutions, autres besoins, autres hommes ! et que le grain de ses paroles, tombant sur la roche, ne produirait aucun fruit ?

Cependant, dans l'Assemblée-Législative, les séances ne se passaient pas sans agitations violentes. Dans la séance du 15 mai, Barbès, acclamé par les siens, demande un milliard d'impôts sur les riches. Hubert s'élance à la tribune et demande, séance tenante, la dissolution de l'Assemblée. « Vous êtes, s'écrie alors Odilon Barrot, *en pleine Convention.* »

Le 23 juin, des attroupements nombreux se forment et viennent assiéger le palais de l'Assemblée, au cri de : *Vive la sociale!* Dans la nuit, le général Cavaignac, président de l'Assemblée, ayant appelé en toute hâte des troupes de Versailles, les insurgés s'en irritent, se recrutent, et, avec la promptitude de l'éclair, hommes, femmes et enfants, ils élèvent des barricades formidables.

Le 24 et le 25 juin, de nouveaux engagements ont lieu. La lutte commence au bruit du canon ; et alors c'est une lutte de Barbares, une lutte d'extermination. De part ni d'autre, il n'y a plus de merci. Alors le général Négrier et un représentant, venant proposer une conciliation, sont tués ; les généraux Damesme et Bedeau sont mis hors de combat ; le général de Bréa et son jeune aide-de-camp, attirés dans une embuscade, sont égorgés. Alors l'Archevêque de Paris, Mgr Affre, n'écoutant que l'inspiration de sa charité évangélique, revêtu de ses ornements sacerdotaux, un crucifix à la main, a le courage de se présenter au plus fort du danger, priant pour ses frères, les exhortant à la réconciliation, et tombe frappé au cœur par une balle française.

Enfin, le 26 juin, les insurgés se voyant cernés de tous les côtés, font leur soumission. Mais au milieu de ces combats qui ensanglantent Paris, le Gouvernement est à bout de ressources, les ateliers nationaux dévorent un million par jour ; la banqueroute est à la porte. C'est alors que Garnier-Pagès, nouveau ministre des finances, imagina l'impôt inique de 45 centimes, qui souleva les plaintes de toute la France.

Cependant, le 10 décembre, le prince Napoléon est élu Président pour dix ans par 5,562,834 suffrages. L'Assemblée-Législative avait succédé à l'Assemblée-Constituante. Mais bientôt dans son sein se firent remarquer les hommes les plus exaltés de tous les partis. Au milieu de cette confusion, — véritable tour de Babel, — le Président, avec la perspicacité de sa haute intelligence et de son patriotisme, sentit bientôt qu'avec une Chambre ardente, composée d'éléments si hétérogènes, il ne pourrait rien faire pour la prospérité et la dignité de la France. Après s'être réfugié dans le calme de son esprit et de ses méditations les plus profondes, il reconnut qu'un second 18 Brumaire pouvait seul sauver la République. Il ferait occuper le Palais-Législatif, il dissoudrait la Chambre, ferait saisir, dans la nuit, soixante personnes des plus exaltées et des plus compromises, qui seraient internées loin de Paris.

Mais à qui se confier pour l'exécution d'un coup d'Etat aussi considérable, aussi dangereux? Il ne voit autour de lui que deux hommes : M. de Persigny, véritable chevalier des temps héroïques, qui, dans toutes les circonstances, avait donné au Prince les preuves du dévouement le plus inébranlable ; et M. de Morny, homme de tact, d'un grand courage, lui aussi capable d'un dévouement à toute épreuve. Il les fit appeler. Si le coup d'Etat échoue, ils savent que leurs têtes tomberont sur l'échafaud ; s'il réussit, ils auront la gloire d'avoir contribué à sauver leur pays. Ils acceptent : Honneur ! honneur ! à ces deux grands citoyens ! Le général de Saint-Arnaud, ministre de la guerre, et M. de Maupas, préfet de police, leur sont adjoints. La nuit du 2 décembre venue, tout est prêt, tout s'exécute, tout réussit, et le 3 au matin, lorsque Paris apprend par une proclamation, qu'au nom du peuple français la Chambre des Représentants est dissoute, le suffrage universel rétabli, et la loi du 31 mai révoquée, il n'y a partout que des paroles d'approbation ; et à l'instant, comme par enchantement, la sécurité renaît ; les magasins s'ouvrent, chacun se remet à ses affaires ; et le Prince se hâte d'ouvrir de grands chantiers où les ouvriers, ces soldats de l'émeute, vont chercher un travail permanent et honnête, et un salaire convenable.

L'Empire. — Louis-Napoléon avait été appelé à la présidence de la République par 5,562,834 voix ; il fut appelé à l'Empire par 7,481,231 suffrages, sur 8,152,752 votants. Jamais trône, sans en excepter le trône de Henri IV, ne fut entouré d'aussi grandes difficultés. Chasser l'émeute de la rue, cet épouvantail monstrueux de la société ; moraliser les classes ouvrières en leur assurant un travail convenablement rétribué ; rétablir l'ordre sur des bases inattaquables, et faire naître à toujours cette sécurité sans laquelle : plus d'encouragement pour l'agriculture, plus d'activité pour le commerce et plus d'essor pour l'industrie, et puis entrer dans le cœur de la France et y faire vibrer cette puissante fibre de l'orgueil national en déchirant les traités de 1815, en faisant revivre le souvenir de sa gloire, et en lui rendant sa place à la tête des grandes puissances. Or, les prétendants, les factions intérieures, les ambitions sans frein, la jalousie de l'Europe, et partout un terrain mouvant entouré d'embarras et de dangers. Voilà ce que le Prince avait devant lui. Quelle haute intelligence, quel sentiment ardent de patriotisme, quel esprit de suite, quelle fermeté courageuse il fallait avoir pour se placer au-dessus ! L'Empereur s'y est placé.

L'Empire, incontestablement, a accompli des actes glorieux qui, déjà, sont enregistrés dans l'histoire ; il a exécuté de grands et d'utiles travaux qui frappent tous les regards. Et pourtant l'Empire a des détracteurs passionnés qui s'attachent à dénigrer tout ce qui émane de lui. D'autre part, la flatterie, cette dangereuse courtisane des princes, trouve que tout ce que l'Empereur a accompli est admirable. Il m'a semblé qu'il y avait place entre les deux extrêmes. Tous les actes de l'Empire sont vivants, je les examinerai avec une pensée de loyale impartialité et avec un sentiment sincère d'amour pour mon pays et de dévouement respectueux pour le prince.

Louis-Napoléon accomplit tout d'abord un acte qui fut accueilli avec les applaudissements de la nation, parce qu'il donnait la mesure de son patriotisme et de sa fermeté. Convaincu que — par la force des Constitutions de l'Empire — l'abdication de Napoléon Ier consommée, sa couronne revenait de droit à Napoléon II, son fils, il prit hardiment le titre de Napoléon III, continuant ainsi la dynastie napoléonienne que les grandes puissances avaient condamnée.

Une fois sur le trône, sa première pensée fut de rétablir l'aigle française sur les drapeaux de l'armée et sur la croix de la Légion-d'Honneur. L'aigle française était devenue sœur des aigles romaines. C'est elle dont le vol sublime avait tant de fois conduit à la victoire nos valeureuses armées sous Napoléon Ier, et qui partageait nos triomphes lorsque nous entrions en vainqueurs dans toutes les capitales de l'Europe. Aigle immortelle! Des revers surhumains, des trahisons criminelles t'avaient éloignée de la France; mais tu n'avais pas cessé d'y avoir ta place dans le cœur de tous ceux qui portent dans leur sein une âme française. Et cette mesure, d'une haute portée patriotique, excita le plus vif enthousiasme.

Napoléon III avait trop de perspicacité dans l'esprit pour ne pas sentir que le rétablissement de ces insignes feraient craindre à l'Europe le retour des guerres du premier Empire, et que le moment des conquêtes ne tarderait pas à revenir. Il s'empressa donc de déclarer, de la manière la plus solennelle, que l'Empire c'était la paix, qu'il n'entendait pas se laisser entraîner par l'esprit de conquête; que d'autres conquêtes que celles de la guerre étaient à faire pour la France; c'étaient les conquêtes de la paix; qu'il n'avait aucune pensée d'agression, mais qu'il tiendrait haut le drapeau de la France et que toute agression du dehors serait énergiquement repoussée.

Des critiques s'élèvent, chaque jour, sur le luxe des travaux qui s'exécutent à Paris, et sur les sommes considérables qu'ils exigent. Je ne crois pas ces critiques fondées. Il fallait, à tout prix, rétablir l'ordre et la sécurité. Comment y arriver, si ce nombre d'ouvriers, bataillons de l'émeute et des barricades étaient laissés dans la rue sans travail, n'ayant pour compagne que la misère et leurs passions surexcitées par le besoin? Il fallait forcément ouvrir de grands chantiers sur tous les points de Paris. Or, l'industrie des bâtiments entraînant à sa suite toutes les industries des gros travaux, les classes ouvrières, une fois en possession d'un salaire convenable et permanent acceptèrent leur position avec satisfaction, et toute manifestation

de désordre disparut. D'un autre côté, on a remplacé des rues
étroites, tortueuses, malsaines, des places mesquines, par des rues
spacieuses et de belles places bien aérées. Et puis, ces magnifiques
hôtels dans tous les genres, ces églises, ces halles, ces casernes, ces
abondantes sources amenées dans Paris, et tant d'autres monuments,
n'ont-ils pas fait de la capitale de la France la plus merveilleuse ville
du monde? Or, qui ignore que la grandeur d'une nation se mesure à
la grandeur de ses monuments? Mais, dit-on, Paris n'aura bientôt
plus que de magnifiques palais pour des princes, pour des ducs, pour
des comtes et pour des marquis. En quelque lieu d'agglomération
que l'on se trouve, les grands n'ont-ils pas besoin des petits; et les
petits des grands? Assurément, rien n'est plus vrai que cette dernière observation. Néanmoins, je persiste à penser que la critique
exagère ses craintes, et ne compte pas assez sur la prévoyance du
gouvernement. La classe ouvrière, pour les logements dont elle a
besoin n'a pas été oubliée; et jamais elle ne le sera; et la preuve,
c'est que les ouvriers au lieu de déserter Paris, y affluent de toutes
parts.

Il ne pouvait suffire à Napoléon III d'avoir rétabli l'ordre et d'a-
voir fait renaître la sécurité, sa grande âme ne cessait de voir dres-
sées devant elle les iniques humiliations des traités de 1815, et
l'abaissement de la France en Europe. Mais pour déchirer les traités,
pour relever la France, il fallait une occasion; elle se présenta, et
l'Empereur la saisit avec empressement.

L'Empereur de Russie, le terrible tzar Nicolas Ier, ce grand con-
tempteur de la France, s'entretenant, un jour, avec lord Seymour,
ambassadeur d'Angleterre, près de sa Cour, lui disait : « Cet empire
« ottoman est vermoulu, il fait ruine de toute part. Quel magnifique
« partage entre l'Angleterre et la Russie, pour s'assurer, à toujours,
« la prédominance sur le monde entier! » Mais la France, observa
l'ambassadeur, que dirait-elle? La France, répondit le tzar, que
pourrait-elle dire? La France, aujourd'hui, n'est plus qu'un point
de géographie en Europe.

Ces paroles aussi significatives et aussi blessantes ne pouvaient pas
demeurer perdues. Aussi, lorsque la mission insolente et provo-
catrice du général russe Mentchikoff auprès du Sultan eut lieu, la
France, qui avait à reconquérir sa position en Europe, et l'Angleterre,
qui était jalouse de conserver, sans partage, sa prédominance sur les
mers, organisèrent contre le tzar cette lutte de géants où les plus
grandes difficultés de la guerre furent surmontées, où les éléments
furent vaincus, où les deux armées alliées rivalisèrent de bravoure,
éprouvèrent, dans leurs brillants succès, des pertes grandes, il est
vrai, mais sortirent des champs de bataille victorieuses et pleines de
gloire.

Nos succès glorieux en Crimée, le tzar Nicolas, le plus implacable
ennemi de la France, vaincu et humilié, et enlevé, dans toute la
force de l'âge, par une mort comme providentielle, nous avions fait

un pas immense vers la haute position que Napoléon III voulait nous reconquérir en Europe : le premier et le plus fort anneau des traités de 1815 était brisé.

Restait l'Autriche, maîtresse de l'Italie, en position, après avoir frappé au cœur le Piémont, de menacer à chaque instant nos frontières avec des forces puissantes. Pour qui avait été témoin de l'éclat et de la prédominance de la France pendant le premier empire, il est évident que les traités de 1815 n'avaient été si machiavéliquement élaborés que pour l'humilier, l'épuiser, et la tenir enchaînée, à toujours, de manière qu'elle se trouvât dans l'impuissance de faire entendre sa voix dans les grandes affaires de l'Europe. Et voilà comment fut créée, à l'Autriche, cette position exorbitante de forces qui lui assurait le moyen de remplir dignement son rôle de geôlière du côté de l'Italie, rôle qui allait si bien à la mesure de sa politique.

Napoléon porte dans sa poitrine une âme trop patriotique pour ne pas sentir profondément que cette attitude d'humiliation et de dangers ne pouvait pas se continuer pour la France. Mais, comme pour la guerre de Crimée, il fallait une occasion ; elle se présenta, et l'Empereur la saisit avec enthousiasme.

Après les désastres de Novarre, qui avaient épuisé le Piémont, l'Autriche préparant une nouvelle agression contre cet Etat aussi affaibli, aucune résistance n'était possible, et par ce coup hardi elle se plaçait en dominatrice sur nos frontières. C'est alors que Napoléon III, voyant le moment venu de briser pleinement les traités de 1815 et de rendre à la France sa noble position de puissance de premier ordre, conçut, arrêta et ouvrit cette belle campagne d'Italie.

D'autres ont blâmé cette guerre et la blâment encore. Je suis profondément convaincu que nous en avons retiré des avantages considérables. Le Piémont, devenu un royaume puissant et fort ; l'Autriche, rejetée hors de l'Italie, dans l'impuissance d'entreprendre de nouvelles attaques ; la France, fière de sa prépondérance obtenue avec gloire sur les champs de bataille ; un équilibre de forces mieux pondéré donnant des garanties inattaquables ; enfin, le dernier anneau des traités de 1815 à toujours brisé. Comment hésiter à proclamer que les résultats de cette guerre sont d'une importance très grande ? Reste la question de Rome qui, un instant, a menacé de devenir européenne. Mais il paraît que le temps et la sagesse des peuples et des souverains viennent de la faire entrer dans une voie de conciliation qui, il faut l'espérer, calmera l'agitation des esprits et garantira les intérêts des hautes cours qu'elle intéresse.

L'Instruction Primaire a été un objet important de la sollicitude de l'Empereur. Depuis quinze ans, le nombre des élèves qui fréquentent les écoles primaires s'est accru de plus de moitié. La position des instituteurs a été améliorée ; ils jouissent maintenant d'un

traitement convenable et d'un logement auquel on a joint un petit mobilier. Au moyen de ces nouveaux sacrifices, le gouvernement est en droit de se montrer plus exigeant pour le personnel des instituteurs. Aujourd'hui, le ministre qui est à la tête de linstruction publique est un homme d'un éminent savoir ; il a exercé pendant de longues années, dans l'Université les fonctions actives des inspections générales. Il a pu tout voir et tout apprécier par lui-même. Déjà, il a augmenté le programme de l'enseignement primaire. Mais il sentira le premier que, dans cette matière — on ne peut plus délicate — le plus grand écueil a éviter, c'est de former des demi-savants. L'expérience n'a cessé de démontrer qu'une demi-instruction est une conseillère dangereuse pour celui qui l'a reçue. Ce qui importe le plus, c'est d'instruire les jeunes enfants dans d'excellents principes religieux, et avec ces principes conservateurs, de leur apprendre l'amour de la famille, l'amour du pays, l'amour du prince et des lois : de leur faire comprendre que le travail ennoblit l'homme, et que — dans quelque position humble qu'il se trouve — l'ouvrier des champs , l'ouvrier des villes, est digne de considération tout autant que l'homme le plus riche et que le fonctionnaire dans l'ordre le plus élevé.

La position des Curés des petites paroisses a aussi fixé la sollicitude de l'Empereur, et leur traitement a été amélioré. Nous ne sommes plus aux jours de la primitive Eglise, où le prêtre n'avait qu'une soutane, une paire de souliers et son bâton pour compagnon de voyage. Notre époque est exigeante ; l'habit et le confortable intérieur font la moitié de l'homme. Or, les modestes curés des campagnes ne subvenaient à leurs dépenses bien simples de première nécessité qu'en s'imposant des privations bien dures. Leur état de besoin les abaissait dans la considération si justement due aux fonctions respectables qu'ils remplissent. Or, dans les petites localités où ils se trouvent, ces bons prêtres ne distribuent pas seulement, selon leurs forces, à leurs ouailles le pain de la parole de Dieu ; ils n'ont pas seulement charge d'âmes, mais ils sont encore les conseillers des gens de campagne ; ils les dirigent dans leurs affaires ; ils aplanissent , par leurs paroles paternelles, les petits différends qui les divisent ; ils leur évitent d'aller en ville faire des courses dispendieuses pour demander des moyens de conciliation qu'ils n'obtiennent qu'à prix d'argent, et que le vénérable curé leur distribue avec une bienveillance toute désintéressée. Ainsi, outre que le Gouvernement s'est montré dignement juste à leur égard, il a fait un acte qui l'honore.

L'Armée a toujours été considérée en France comme la partie noble de l'Etat. C'est sur son épée que reposent son indépendance, sa sécurité, sa gloire et sa puissance. En entrant dans la carrière militaire, officiers, soldats, tous font une abnégation entière de leur personne. Leur vie ne leur appartient plus, elle appartient à leur pays. Leur famille, c'est la grande famille de la France. A la voix du Souverain, ils revêtent leurs armes et vont affronter — avec une bravoure qui brise tout devant elle — les dangers des batailles, les fatigues des expéditions lointaines, les intempéries des climats et les privations les plus dures; et s'ils tombent, *vive la France, vive l'Empereur,* voilà les sublimes paroles que leur noble voix fait entendre. Veut-on un exemple entre mille du dévouement de l'armée?

Lors de la désastreuse retraite de Moskow, l'armée russe menaçant très vivement une de nos colonnes, l'aide-de-camp du général qui la commandait arrive précipitamment devant un chef de bataillon qui défendait un poste de la plus grande importance, et lui dit : Le général vous ordonne de défendre ce poste et d'empêcher à tout prix que les Russes ne tombent sur notre colonne ; au besoin, *vous vous ferez tous tuer;* le commandant ne répondit que ces mots : *Nous nous ferons tous tuer.*

Napoléon III, dans sa haute sollicitude, pouvait-il oublier l'armée qui, marchant sur les vaillantes traces de ces vieilles armées qui, sous Napoléon Ier, avaient accompli de si grandes choses, s'était illustrée en Crimée, en Italie, par tant d'actions d'éclat? Sa grande âme ne l'a point oublié. La position des officiers de tous les grades a été mise au niveau des besoins usuels de la vie; aujourd'hui, elle est suffisamment confortable. La position de leurs veuves, si restreinte jusqu'à nos jours, n'a pas moins éveillé sa sollicitude, et maintenant la femme d'un officier qui a participé à l'honneur du grade de son mari, devenue veuve, conserve une position digne de celle qu'elle a perdue.

Dans les vues d'une économie commandée par l'état passager de nos finances, le Gouvernement vient de restreindre les cadres, mais la position des officiers et sous-officiers n'a pas eu à souffrir. Ils restent à la suite, conservent leur solde ; les places qui vaqueront dans les administrations leur sont réservées, et ils arriveront à la retraite avec tous leurs droits.

La sollicitude de l'Empereur s'est également fixée sur les *classes ouvrières, sur les classes indigentes.* Il a créé de nombreux établissements d'asile pour tous les âges, où toutes les misères, toutes les infirmités reçoivent les secours et les soins les plus empressés. Et lorsque l'histoire retracera cette partie des grands travaux du deuxième Empire, elle aura des paroles d'admiration et d'amour pour cette belle et auguste souveraine qui est assise sur le trône dont elle relève l'éclat. Elle dira avec quelle bienveillante sollicitude cette princesse, que le ciel a ornée de tous ses dons, a secondé les sublimes et pieuses inspirations de son magnanime époux. Elle la montrera la main toujours ouverte, pour verser dans la demeure du pauvre qui souffre les secours qui ne tarissent jamais, et qu'elle distribue avec une grâce pleine d'une douce bonté et d'une noblesse délicate qui doublent le prix de l'aumône.

Il y a quinze ans à peine, la MARINE française n'était comptée qu'au troisième rang, pleinement effacée par les marines de l'Angleterre et des Etats-Unis. Les progrès qu'elle a faits dans ce court espace de temps sont immenses. On peut aller jusqu'à dire que si par le nombre de ses vaisseaux elle n'égale pas ses deux puissantes rivales, elle les surpasse par la perfection qu'elle apporte dans leur construction. Solidité, rapidité, élégance, confortable, rien n'y manque. Frappée des succès des Messageries impériales et animée d'une ardente initiative, la Compagnie transatlantique, qui compte à peine quatre années d'existence, peut dire avec un noble orgueil qu'elle a dépassé ses rivales. L'ardeur impatiente de la nation française, sa situation géographique, son grand goût dans les arts, ses capitaux qui semblent s'accroître à mesure qu'ils trouvent des placements avantageux, la haute intelligence et les fortunes puissantes de ses grands industriels, l'habileté de ses ouvriers, ouvrent devant elle un avenir de richesses commerciales qui se développe chaque jour sur une échelle qui étonne. Les guerres lointaines que la France vient de soutenir, et qui sont arrivées à leur terme, vont agrandir ses débouchés et leur donner un essor de prospérité dont on ne peut mesurer l'étendue. Et on peut le dire hardiment, dans tous les objets de luxe, quels ouvriers au monde pourront jamais rivaliser avec l'ouvrier français, fier de son art, jaloux d'être cité au premier rang, et, dans les grands comme dans les petits objets, portant toujours ses regards vers la perfection ? Et ce qui est à remarquer pour l honneur de la France, c'est que, de tous temps tributaire de l'Angleterre pour toutes les grandes machines industrielles, celle-ci vient de recourir à notre magnifique établissement du Creuzot pour des machines de haute puissance, propres à extraire le charbon de ses houillères. Ce qui est incontestable aussi, c'est que la locomotive du Creuzot franchit les distances aussi rapidement que la locomotive de Birmingham.

L'AGRICULTURE. — La pauvre agriculture est en souffrance ; elle est mortellement frappée au cœur. Le petit propriétaire qui ne vend pas ses blés, endure une gêne qui l'épuise. Il persiste à penser que le retrait de l'*échelle mobile* est la cause du malaise qu'il éprouve, et des hommes sérieux pensent comme lui. Ce qui est certain, c'est qu'au moment où le *retrait* fut discuté au Corps-Législatif, plusieurs députés du Midi, et à leur tête M. Durand, chef d'une maison de commerce de premier ordre à Montpellier, déclarèrent au Gouvernement que, dans leur conviction, le retrait de l'échelle mobile causerait infailliblement la ruine des provinces du Midi. Or, cette ruine achève chaque jour de se consommer. On dit : La France est momentanément surchargée de la récolte de deux années surabondantes ; cette raison n'est pas acceptable. Cette surabondance, en temps ordinaire, ne pouvait amener dans le prix des blés qu'une baisse insensible et passagère. Or, avec la liberté illimitée d'importation, comment l'agriculteur français tiendra-t-il tête à cette quantité toujours croissante de blés et de farines que le commerce maritime achète à très vil prix, et dont il peut couvrir nos marchés à des prix encore très vils ? Et cependant le propriétaire modeste et honnête du petit domaine qu'il exploite lui-même est ruiné dans tout le Midi de la France ; il ne lui est plus possible de faire face à ses affaires. Le prix de revient de ses blés s'élève au moins à 50 fr. la charge, et son prix de vente atteint à peine 27, 28, 29, jusqu'à 30 fr. la plus belle qualité. Il a de la peine à payer ses impositions ; les salaires de ses domestiques sont au-dessus de ses moyens ; il est dans l'impuissance de faire à sa terre aucun travail d'amélioration ; il ne trouve plus à emprunter même sur hypothèque, parce que le capitaliste porte son argent vers les placements d'État, qui lui assurent le 8, le 10, jusqu'au 12 0/0 d'intérêt. Les ouvriers aussi souffrent de ce déplorable état de choses. Que nous importe, disent-ils, le bas prix des denrées, si nous sommes sans argent pour les acheter ?

Cette question est de la plus haute gravité. Le propriétaire, jusqu'à ce jour, s'est armé de courage, de patience et de dévouement, autant que ses forces ont pu le lui permettre. Aujourd'hui, il est aux abois, il se décourage, il se plaint.

Dans la marche générale des gouvernements, tout s'enchaîne ; l'agriculture fournit à l'industrie ; l'industrie, par son activité incessante, par sa haute intelligence, crée toutes les merveilles utiles et de luxe dont elle alimente le commerce ; et l'agriculture, l'industrie et le commerce, ces trois sœurs, se donnant la main, rendent les nations heureuses, florissantes et puissantes ; il n'est plus possible de temporiser et de discuter sur les *causes* du mal, et de dire comme le médecin de Molière : « Votre fille est muette, parce qu'elle ne parle pas ; votre fille est sourde, parce qu'elle n'entend pas. » Ce qu'il faut à l'agriculture, c'est un prompt remède à sa détresse.

La LIMITE D'AGE pour la retraite des magistrats dans l'ordre judiciaire n'a pas été accueillie avec faveur. En premier lieu, le budget en a été surchargé, parce que, au lieu de servir un seul traitement, il faut aujourd'hui en servir deux. Mais ce qui apparaît de plus grave dans cette mesure, c'est qu'elle enlève aux justiciables les inappréciables avantages du savoir et de cette vieille expérience qui ne s'acquiert que dans de longues et sérieuses études, et qui sont le plus imposant apanage du juge dont les cheveux ont blanchi dans ses graves fonctions.

Les grands magistrats d'autrefois, les Lamoignon, les d'Aguesseau, et les grands magistrats de nos jours, les Dupin, les Troplong, ont tous pensé que l'étude des lois est l'étude de toute la vie, et que l'âge seul donne cette gravité qui impose. La magistrature est un véritable sacerdoce, et le législateur a voulu que le magistrat fût inamovible, parce qu'il puise dans cette inamovibilité cette indépendance, cet amour de ses devoirs et son application constante au travail, qui sont pour la société l'impérieuse garantie de ses intérêts. Le magistrat regarde ses fonctions comme une propriété d'honneur, pour lui d'abord, et ensuite pour ses enfants à qui il transmet son nom et la vénération qui fut attachée à ses services. Sans doute, il est un moment où, sous les atteintes du grand âge, le corps s'use et se plie, et où l'esprit n'ayant plus pour soutien l'agilité et les forces que le corps lui communiquait, s'affaiblit aussi et perd sa puissance d'appréciation, et où la mémoire tend chaque jour à s'effacer. Eh bien ! ce moment venu où le magistrat se serait trouvé dans l'impuissance de remplir dignement et utilement ses fonctions, ses chefs immédiats n'étaient-ils pas à côté de lui pour voir sa position et en faire rapport au ministre de la justice, qui, dans sa haute prudence, eut apprécié ?

Il est très certain qu'au delà de la limite d'âge, le magistrat pouvait encore rendre d'excellents services. Que d'hommes illustres dans les sciences, et dans les lettres et dans la haute magistrature, dont l'âge, bien au-delà de cette limite, n'avait point affaibli les belles qualités de leur imagination, et les riches trésors de leur grand sens et de leur savoir ! et c'est alors que ses cheveux ont blanchi dans ses études ; c'est au moment où ses travaux ont acquis le plus de poids, et où l'estime publique lui est le mieux acquise, que le décret de 1852 le fait descendre de son siége !

La Presse fait entendre des doléances ; elle trouve qu'elle n'est pas libre d'apprécier et de discuter les actes du Gouvernement. Le Gouvernement dit que la presse est un levier puissant, et que si les guides étaient lâchées sur le journalisme il pourrait en résulter des dangers pour la chose publique. Je crois que la presse exagère ses prétentions, et que le Gouvernement exagère ses craintes : la question est très grave. Je m'explique.

Nous sommes loin et très loin des mauvais jours où l'on criait : *Vive la sociale !* et où les partis s'agitaient dans tous les sens. L'ordre le plus ferme s'est assis dessus, et la *sociale* a rendu son dernier soupir, et les partis ont vu — à toujours — leurs ambitions déçues. D'ailleurs, en France, personne ne réclame pour la presse une liberté illimitée. On demande pour elle une liberté de discussion moins restreinte, mais prudente, savante et marquée du sceau de la loyauté et de l'honneur. Les hommes les plus sages pensent qu'une discussion de ce genre ne peut offrir aucun danger, et ne peut être considérée comme hostile. Plus que cela, elle ferait arriver bien des fois jusqu'au trône des vérités et des projets d'initiative que le Gouvernement — ou soit les ministres — n'auraient pas entrevues.

Les Français sont comme les Athéniens au temps de Périclès et d'Alcibiade ; ils sont légers, rieurs, babillards, frondeurs ; ils n'attachent de prix aux journaux que ce qu'ils valent. Une fois le journal lu ou à demi parcouru, ils courent à leurs affaires. Les désœuvrés seuls restent au cercle de lecture, commentent leur *pour* et leur *contre,* incapables presque toujours d'aller au fond de la pensée du journaliste.

D'ailleurs, qui ne sait qu'aujourd'hui le journalisme n'est qu'une affaire commerciale ? N'avons-nous pas vu de riches banquiers, Mirès et Millaud, propriétaires de deux grands journaux ? L'affaire commerciale consiste à obtenir le plus grand nombre d'abonnés possible que l'on attire par des rédactions qui vont à leurs goûts. Or, il y a dans la presse une phalange nombreuse de jeunes écrivains vaillants, pleins de verve et de talent, qui manient la phrase comme Pons, le grand professeur d'escrime, manie le fleuret, et qui portent leurs plumes — sur salaire — au plus offrant, passant sans scrupule du camp de Gauche au camp de Droite, et réciproquement du camp de Droite au camp de Gauche.

Les révolutions ne sont jamais pour les peuples qu'une source de fléaux et de ruines. Certes, les Français ont eu le temps d'y faire leur éducation. Que la presse, laissée à elle-même, jouissant d'une liberté chargée de moins d'entraves, se jette dans des attaques violentes, ou dans des excès d'appréciation menaçants, il est certain que la conscience publique, la première, en fera justice sévère, et que ses excès retomberont sur elle-même. D'ailleurs, le Gouvernement n'est-il pas toujours debout, la puissance en main, pour briser ses mauvaises aspirations ?

Plus d'une fois on a dit : Le pays veut la liberté de la presse comme en Angleterre. Et bien des gens, peu versés dans les études d'une saine politique, s'endorment chaque jour sur ce rêve. Bien certainement, en Angleterre, la liberté de la presse est le plus beau et le plus utile rouage du gouvernement constitutionnel. Mais — sur ce point — aucune assimilation entre l'Angleterre et la France n'est admissible.

En Angleterre, le souverain règne et ne gouverne pas. Les ministres seuls sont responsables. Ainsi, quand la presse discute les actes du Gouvernement, ses attaques, ses appréciations n'atteignent pas le souverain. En France, au contraire, l'Empereur règne et gouverne, et si la presse jouissait d'une liberté illimitée, ou du moins sans un juste frein, il pourrait arriver que ses discussions fussent vives, acerbes et même violentes. Or, ces discussions frappant le souverain, quelles dangereuses conséquences ne pourrait-il pas en résulter ? Toute la difficulté est là ; elle n'est que là.

D'un autre côté, la dynastie d'Angleterre est vieille, et la nation

toute entière défend cette date ancienne sous laquelle elle s'abrite.
— Napoléon Ier, à Sainte-Hélène, avait dit plusieurs fois aux nobles
serviteurs qui avaient partagé son exil : « Pour n'être pas renversé
» du trône, *il m'a manqué d'être mon aïeul.* » Le temps est le plus
grand des maîtres, et la prudence la meilleure des conseillères. Or,
à leur heure, toutes les réformes utiles et possibles se feront.

Les Élections. Une indifférence bien caractérisée, qui prend
des proportions chaque année plus grandes, se manifeste à cet
égard parmi la classe ouvrière. Le plus grand nombre des électeurs
s'abstient ; et les candidats se voient réduits à se mettre en course
pour recueillir les votes des électeurs, que la pression de l'administration intimide. Lorsque l'instruction primaire plus développée por-
tera ses fruits, l'électeur remplira ce devoir avec d'autant plus de
zèle qu'il en reconnaîtra l'importance. Il sentira que l'élection, à
quelque degré que ce soit, est un des grands principes de nos institutions constitutionnelles, et que ce n'est que par son droit d'électeur qu'il devient partie active et imposante du Gouvernement.

En abordant la haute question des élections à la Chambre des Députés, question qui est le pivot du gouvernement représentatif, je
ne puis me défendre contre une émotion de douleur. Pour qui a vu
et suivi le dépouillement des votes de l'année dernière, surtout,
peut-il y avoir la moindre hésitation à dire que des élections faites
dans cette condition ne sont pas dignes d'une grande nation ? Quand
les Oppositions présentent leurs candidats, sans doute le Gouvernement a le droit de présenter les siens. Mais ici c'est comme en
champ clos, le duel ne doit avoir lieu qu'à armes égales, et c'est au
Gouvernement, qui a la force en main, à donner l'exemple de la
modération ; que le fonctionnaire, à quelque minime degré qu'il se
trouve, doive donner son vote au Gouvernement, il en retire un salaire, il lui en doit le prix ; que les chefs d'administration soient
tenus d'exercer, lors des élections, la plus active surveillance, ils
remplissent le premier de leurs devoirs. Mais pourquoi, à tout prix,
éliminer des hommes très honorables et posés dans la société de la
manière la plus éminente ? Le Gouvernement craint de trouver en
eux des hommes qui ne lui seront pas assez patiemment dévoués,
qui lui feront une opposition animée, peut-être hostile. Crainte
chimérique ! frayeur qui n'a pas de raison d'être ! Ces hommes,
dites-vous, feront de l'opposition ! Eh mon Dieu ! le Gouvernement n'a qu'à s'en féliciter. Une opposition savante, libre, éclaire
les discussions, propose souvent des initiatives utiles. L'opposition est de l'essence du gouvernement représentatif ; elle en fait
partie essentiellement intégrante. Sans opposition, le gouvernement représentatif s'affaiblit, perd tout son prestige, toute sa force,
toute sa vie. Le rôle de l'opposition est toujours le plus pénible des
rôles. Et lorsque quelques membres d'une assemblée ont une oppo-

sition loyale, savante, désintéressée, ils sont toujours entourés de la considération publique. Sous le premier Empire, il se forma dans le Sénat une opposition qu'on a toujours appelée l'opposition des Dix, à la tête de laquelle se trouvait Lanjuinais, le grand citoyen, et Lenoir-Laroche, la probité vivante, qui combattaient tous les projets de l'Empereur qui leur paraissaient ambitieux. Eh bien ! l'Empereur leur témoigna toujours la plus haute estime, et l'histoire n'en parle qu'avec respect.

Aujourd'hui, qui peut dire que M. Thiers, que M. Berryer, que M. Jules Favre, veulent faire au gouvernement une opposition hostile, soit pour l'abaisser, soit pour le renverser. Quel intérêt, ces hommes éminents peuvent-ils trouver dans une révolution ? Ils viennent apporter à leur pays l'appui de leurs talents et de leur longue expérience dans les grandes affaires ; et le pays leur doit respect et reconnaissance.

Pour ne citer que deux élections. Dans l'Isère, M. Casimir-Perrier, le fils d'un ancien ministre mort à la peine, l'homme le plus considérable du département par sa grande fortune, par ses magnifiques établissements industriels, par ses connaissances administratives et financières, dont, certes, le Gouvernement n'avait aucun motif de suspecter le dévouement, a été éliminé avec une aigreur passionnée. Eh bien ! j'ai le courage patriotique de le dire, le département de l'Isère tout entier s'est senti froissé dans cette maladroite élimination.

Dans le département où M. Péreire et M. Durand se sont trouvés en présence, les élections ont eu de bien fâcheux résultats. Comme dans les grandes factions d'État, les deux partis ont eu leurs drapeaux et leurs dénominations de durantistes, de péreiristes. Il y a eu sur les places publiques et dans les rues, provocations, rixes, coups et blessures, et le sang a coulé, et la justice a été obligée d'intervenir. Or, M. Durand, que le gouvernement éliminait, représente une des maisons les plus anciennes, les plus importantes et les plus honorables du Midi de la France. Il siégeait depuis longtemps à la Chambre des Députés, et c'est lui qui, lors de la discussion du retrait de l'échelle mobile, démontra avec le plus de raison et de savoir que ce retrait ruinerait tous les pays du Midi. Vérité qui ne se réalise que trop, et qui, aujourd'hui, donne au Gouvernement de graves sollicitudes. Il est, en toutes choses, des victoires qui sont de véritables défaites. Fénelon, dans sa controverse célèbre avec Bossuet, sur le *quiétisme,* fut plus grand dans sa condamnation que Bossuet dans son triomphe.

L'État de nos Finances avait fait naître des craintes dans l'esprit de nombre d'hommes sérieux et dévoués au Gouvernement. Nos budgets de dépenses grossissant chaque année, l'amortissement cessant de fonctionner, et la dette flottante montée à un chiffre qu'elle n'avait jamais atteint; et puis, toutes nos expéditions lointaines, les avaient alarmés. Mais le rapport qui vient d'être présenté à l'Empereur par le ministre des finances, homme spécial de premier ordre, vient de donner sur notre vraie position à cet égard, les détails les plus rassurants, et faire éclater sur cette matière si importante un jour qui dissipe toutes les craintes, et répond à toutes les espérances. Sans entrer dans l'examen de ce rapport, travail qui n'a pas sa place ici, il suffit de dire que les budgets de 1865 et de 1866 s'équilibrent; que le budget de 1867 se règlera avec un excédant qui ramènera l'amortissement à fonctionner suivant le but de son institution, et que déjà la dette flottante est abaissée à son plus sévère minimum, et ce qu'il importe avant tout de relever, c'est la haute mesure de l'Empereur renonçant à sa prérogative souveraine d'ouvrir des crédits supplémentaires ou extraordinaires, et donnant ainsi à nos budgets de dépenses la garantie la plus sûre de l'effectif déterminé.

ÉQUILIBRE. — ALLIANCE AVEC L'ANGLETERRE. — Napoléon III, dès le début de son règne, avait compris, dans sa pénétrante perspicacité, que seule l'alliance de l'Angleterre pouvait lui permettre d'accomplir pour la France les desseins d'ordre, de prospérité et de grandeur qu'il avait conçus pour elle. Certes, avec ses propres forces il pouvait aller très-loin dans ses projets; mais, au moindre revirement dans les affaires générales de l'Europe, tout l'édifice qu'il aurait élevé pouvait être ébranlé. Or, pour arriver à cette alliance, que de difficultés de mille sortes il fallait surmonter! Comment effacer, dans le cœur de la nation anglaise, cette antipathie de race à race plusieurs fois séculaire? Comment éteindre cette haine contre la France que les grandes guerres du premier Empire, *sous les Chatam et sous les Pitt,* avaient rendue implacable? Comment effacer cette jalousie qui paraissait devoir éterniser, entre les deux peuples, la plus ardente rivalité? Rien n'a pu faire naître dans l'âme de Napoléon III le moindre découragement. D'ailleurs, au fond de cette question qui était immense, il avait pénétré que les intérêts de l'Angleterre étaient engagés tout aussi bien que ceux de la France. En vain, voyait-il de temps à autre un esprit de défiance contre ses paroles, contre ses actes et contre ses intentions. En vain, les grands journaux de l'Angleterre, et à leur tête le *Times,* le plus important de tous, le poursuivaient-ils de leurs appréciations malveillantes, et allaient-ils jusqu'à abreuver de paroles presque outrageantes sa personne elle-même. L'Empereur, avec ce sang-froid et cette ténacité qui sont l'apanage des grands caractères, n'a jamais cessé de se présenter à l'Angleterre, en prince loyal, confiant, animé des sentiments les plus sincères de haute estime et de bon vouloir pour le peuple anglais. Heureusement, à la tête des affaires de l'Angleterre se sont rencontrés deux hommes d'État éminents : *le vicomte de Palmerston et lord Russell,* et avec eux de grands citoyens qui comprirent toute l'importance de cette alliance pour les deux nations. Et aujourd'hui, les entrevues les plus sympathiques des deux souverains, la visite de la flotte anglaise dans les eaux de la France, et la visite de la flotte française dans les eaux de l'Angleterre, la magnanime courtoisie réciproque des amiraux, la franche cordialité des officiers, et l'entrain fraternel des matelots, et nos rapports généraux de commerce, ont établi cette alliance sur une base inébranlable, et, aujourd'hui, dans le monde, rien d'important, rien de grand ne peut s'accomplir sans la France et sans l'Angleterre réunissant en commun leurs puissances intellectuelles, et les immenses ressources matérielles dont elles disposent. Et ainsi se trouve à jamais établi en Europe cet imposant équilibre de forces, devant lequel toute puissance humaine viendrait se briser.

Je me résume.

Le travail remis en honneur, l'ordre rétabli, la sécurité dans les transactions commerciales assurée, Paris transformé et devenu la plus merveilleuse ville du monde, l'exécution dans toutes les grandes villes d'immenses travaux d'utilité publique, la position des desservants des petites paroisses mises au niveau de leurs modestes mais vénérables fonctions, les écoles primaires multipliées et les instituteurs convenablement rétribués, la position des officiers et de leurs veuves améliorée, des établissements d'asile et de secours créés pour tous les âges et pour tous les besoins, les Tuileries et le Louvre terminés, des halles, des casernes, des églises, des aqueducs dignes des Romains; les travaux gigantesques des ports de Marseille, du Havre, de Bordeaux, de Dunkerque, de Boulogne, de Brest et de Saint-Malo; le canal de Vitry à Saint-Dizier, le canal maritime de Saint-Louis, les travaux sur la Saône, les travaux sur le Rhône, entre Lyon et Arles; les grands travaux exécutés en Corse, et tant d'autres dont l'énumération échappe à ma mémoire. Le commerce se disposant à prendre l'essor auquel nos expéditions lointaines le convient. L'industrie préparant les moyens puissants qu'elle possède pour soutenir contre l'Angleterre une lutte de richesses et d'honneur. Les traités de 1815 déchirés à toujours et la France redevenue la Reine des nations; l'annexion à l'Empire de la Savoie et du comté de Nice, qui nous assure d'excellentes frontières militaires de ce côté. Tous les souverains de l'Europe qui sont venus à la cour de France faire visite à l'Empereur en haut témoignage de leur sympathie et de leur admiration. Et pour le couronnement de ce grandiose ensemble de magnifiques travaux, l'alliance de l'Angleterre. Quel homme portant dans sa poitrine une âme vraiment française oserait soutenir

que le prince qui — en si peu d'années — a porté l'Empire à un
aussi haut degré d'élévation n'est pas un grand prince !

Et quand le moment sera venu où le jeune prince impérial que la
providence s'est complue à orner de ses dons les plus précieux, et
dont l'intelligence est si précoce, formé sous les leçons et sous les
exemples de son auguste père, montera sur le trône, il n'oubliera
jamais qu'un prince doit toutes ses pensées, tous ses actes, toute son
existence au peuple qu'il gouverne. Il verra par lui-même que la ci-
vilisation avance à grands pas, et avec elle les mœurs et les besoins
des peuples, et que c'est à ces mœurs et à ces besoins que leurs institutions doivent être appropriées. Il gravera profondément dans sa
noble poitrine, ces paroles sublimes et pleines de vérité : *que les
peuples ne sont pas faits pour les institutions, mais les institutions
pour les peuples.* Et chaque jour, il aura présente devant lui cette
haute pensée qu'un prince doit être avant tout un prince de son
époque, et que ce n'est qu'à ce prix qu'un Souverain peut obtenir
l'amour et le dévouement de son peuple : et lui aussi acquerra la
gloire de son illustre père, et comme lui aussi il sera un grand
prince.

FIN

www.ingramcontent.com/pod-product-compliance
Ingram Content Group UK Ltd.
Pitfield, Milton Keynes, MK11 3LW, UK
UKHW020058100726
13658UKWH00004B/1846